Impulse der
ZUFRIEDENHEIT

GROH

ZUFRIEDENHEIT – EIN GROSSES WORT, ERSTREBENSWERT UND EIN WENIG EINSCHÜCHTERND.

Zufrieden sein bedeutet, sein persönliches Glück finden, in sich ruhen, seinen eigenen Lebensweg gehen. Jeder hat eine eigene, ganz individuelle Vorstellung vom Zufriedensein. Und doch streben wir alle danach.

Manchmal helfen uns kleine Impulse, die uns daran erinnern, auf uns zu achten und unser Glück wieder in den Vordergrund zu rücken. Solch kleine Impulse der Zufriedenheit findest du in diesem Buch ...

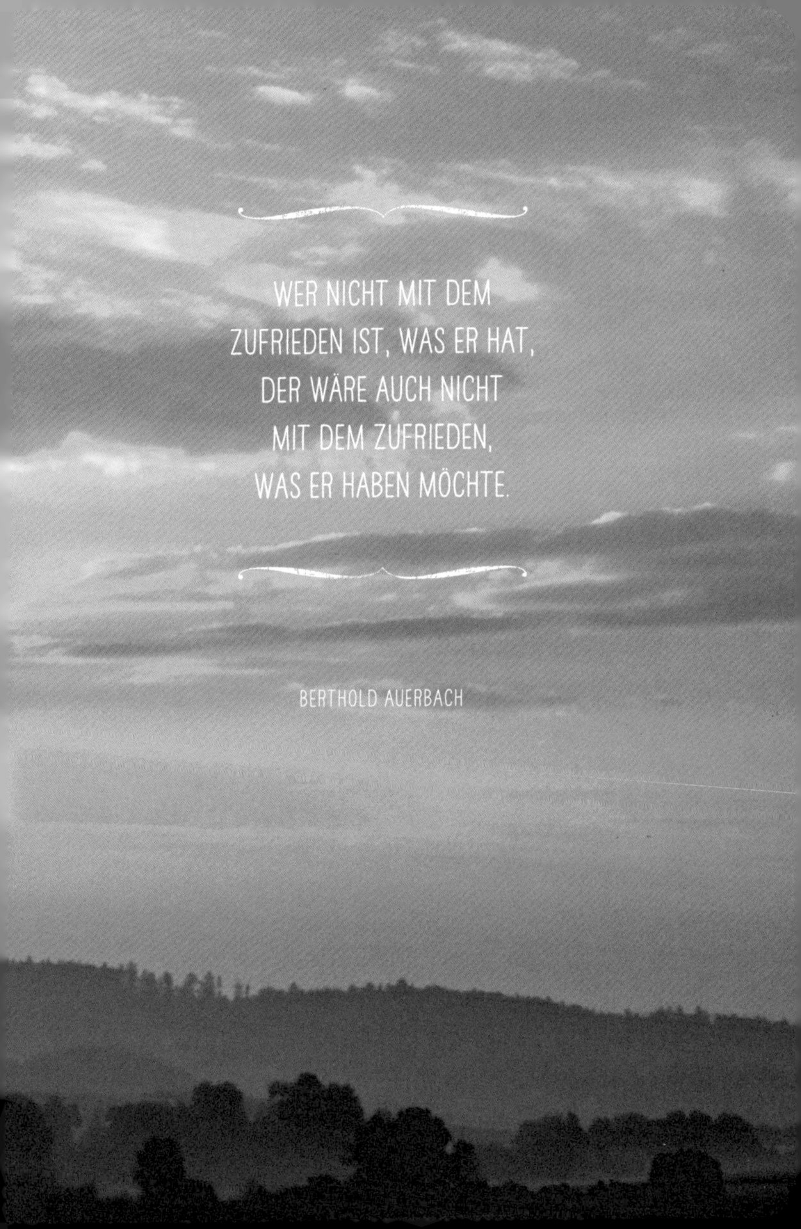

WER NICHT MIT DEM
ZUFRIEDEN IST, WAS ER HAT,
DER WÄRE AUCH NICHT
MIT DEM ZUFRIEDEN,
WAS ER HABEN MÖCHTE.

BERTHOLD AUERBACH

WAS MACHT
DICH
ZUFRIEDEN?

DU ATMEST, LACHST UND LEBST IN DIESEM MOMENT.

Sei dankbar für all die kleinen Wunder,
die dir in der Gegenwart geschehen!

UNSERE GRÖSSTEN
ERLEBNISSE SIND NICHT
UNSERE LAUTESTEN,
SONDERN UNSERE
STILLSTEN STUNDEN.
JEAN PAUL

Manchmal kann man
seine innere Stimme nicht hören,
sein Bauchgefühl nicht wahrnehmen –
um uns ist es zu laut, zu hektisch.
Ab und an Zeit nur mit dir,
mit deinen Gedanken und
Gefühlen zu verbringen, ist wichtig,

UM ZU SPÜREN,
WAS DICH BEWEGT UND
GLÜCKLICH MACHT.

DASS UNS EINE
SACHE FEHLT,
SOLLTE UNS NICHT
DAVON ABHALTEN,
ALLES ANDERE
ZU GENIESSEN.
JANE AUSTEN

Überlege mal:
Wenn eine
gute Fee dir

DREI WÜNSCHE

erfüllen würde,
welche wären das?

GLÜCK LÄSST SICH
NICHT VEREWIGEN.
MAN MUSS ES GENIESSEN,
OHNE ZU FRAGEN,
WIE LANGE ES DAUERT.

ALTE WEISHEIT

Die Welt bietet dir so viele Möglichkeiten,
dein Leben zu gestalten: Du kannst
die große Weltreise wagen oder einfach
bei einer herrlichen Tasse Kaffee den Blick
aus deinem Küchenfenster genießen.

LEBE DEIN LEBEN, WIE DU ES MAGST!

Es gibt

UNZÄHLIGE ZAUBERHAFTE MOMENTE,

die so flüchtig sind, so leicht vergänglich und daher umso wertvoller – nimm sie wahr und genieße sie!

MANCHES IM
LEBEN MUSST
DU LOSLASSEN,
DAMIT DU ANDERES
HALTEN KANNST!

ES GEHT NICHT
DARUM, WIE VIEL
WIR BESITZEN,
SONDERN WIE VIEL
WIR GENIESSEN,
DAS SORGT
FÜR GLÜCKSGEFÜHLE.
CHARLES HUDDON SPURGEON

VIELLEICHT IST ES EIN
FREUNDLICHES WORT,
EINE KURZE BEGEGNUNG,
EIN FLÜCHTIGER KUSS –

vielleicht ist es nur ganz wenig,
das man braucht, um glücklich und
zufrieden zu sein?

Genieße bewusst –
fühle, lausche,
beobachte …

DAS LEBEN
IST SCHÖN!

Sei der

MITTELPUNKT
DEINER WELT –

versuche nicht ständig,
es allen recht machen
zu wollen. Sei nicht
egoistisch, aber achte
darauf, dass es dir gut geht!

ES KANN UNS
NICHT JEDER MENSCH
NACH WUNSCH UND
NICHT JEDE SACHE
ZU WILLEN SEIN.

AUS CHINA

DIE WELT IST MANCHMAL ...
... EIN OFFENES GEHEIMNIS,
... WUNDERBAR UNPERFEKT,
... UND ZUWEILEN BITTERSÜSS.

Dir wird nicht immer alles zusagen,
aber versuche Gegensätze, andere Meinungen
und Vielfalt als Bereicherung zu betrachten!

DU BIST NICHT
AUF DER WELT,
UM PERFEKT
ZU SEIN!

Ebenso wenig sind es
die anderen!

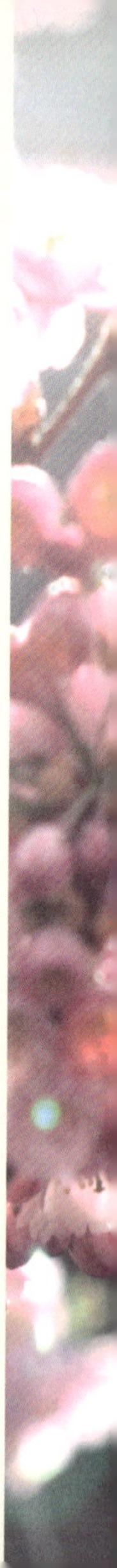

GLÜCK IST

SELBSTGENÜGSAMKEIT.

ARISTOTELES

Deine Worte und Taten
sagen mehr über dich,
als es eine modische Jeans oder
ein exklusiver Einrichtungsstil
je tun könnten.

DEIN HANDELN IST ES,
WAS ANDERE AN
DIR WAHRNEHMEN UND
SCHÄTZEN!

Tue öfter das,

WAS DICH

GLÜCKLICH MACHT.

DIE WESENTLICHE
VORAUSSETZUNG FÜR
GLÜCK IST DIE
BEREITSCHAFT,
DER ZU SEIN,
DER MAN IST.
ERASMUS VON ROTTERDAM

VERTRAU AUF DICH

und du wirst
zufriedener sein
mit deinen
Entscheidungen.

WÜNSCHE HABEN
UND DOCH ZUFRIEDEN SEIN,
DAS IST'S.

ERICH LIMPACH

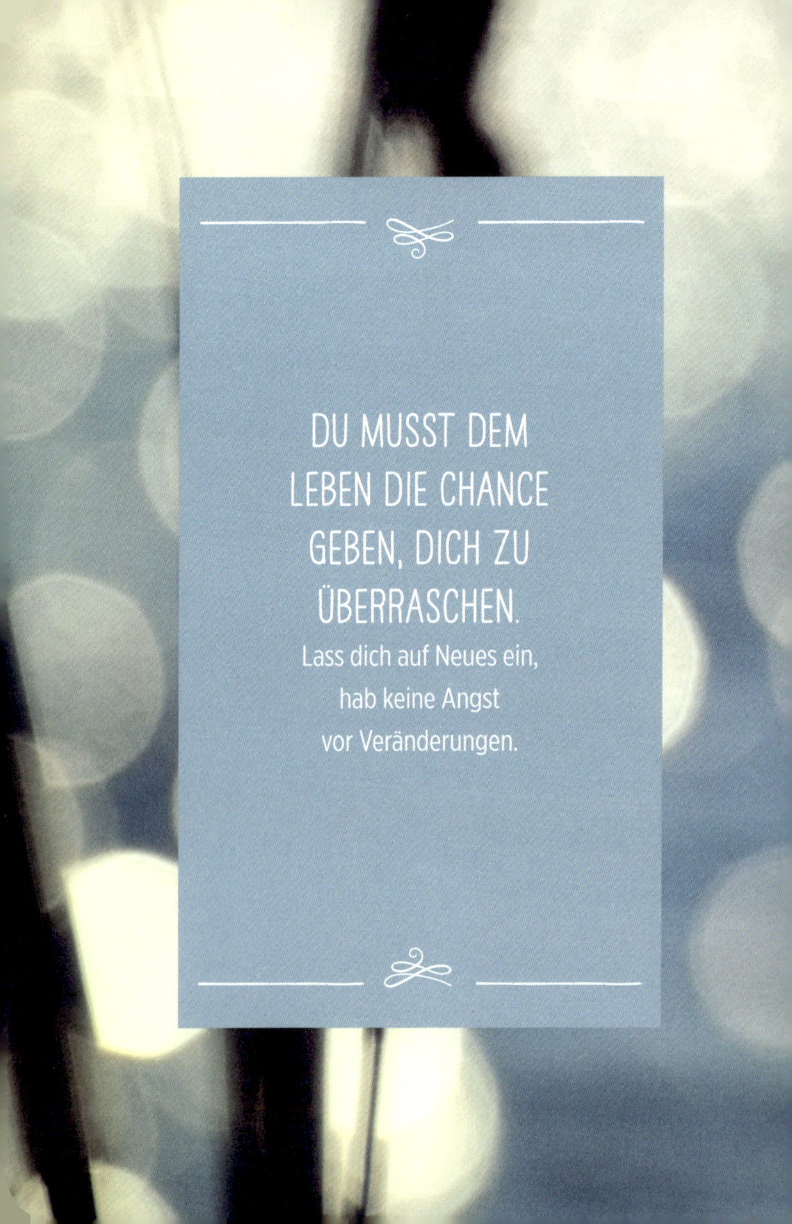

DU MUSST DEM
LEBEN DIE CHANCE
GEBEN, DICH ZU
ÜBERRASCHEN.

Lass dich auf Neues ein,
hab keine Angst
vor Veränderungen.

WENN DU ETWAS
WIRKLICH WILLST,
DANN SETZE DICH FÜR
DEINE TRÄUME EIN.

Selbst wenn du scheiterst, wirst du zufriedener sein, als wenn du es gar nicht gewagt hättest.

DEIN LEBEN BEGINNT
AUSSERHALB
DER WOHLFÜHLZONE!

LEBENSFREUDE IST EINE
ENTSCHEIDUNG
UND EIN GESCHENK,

**DAS DU DIR
SELBST MACHST.**

NICOLE ENGELHARDT-CREDO

Was hast du als
Kind gerne gemacht?

OHNE ANREIZ, EINFACH SO? AUS SPASS?

Die guten Dinge bleiben,
während die schlechten
irgendwann von
alleine verschwinden.
VERTRAU AUF
DEIN GLÜCK!

MUẞE IST DIE KUNST,
WIRKLICH NICHTS
ZU TUN, WENN MAN
NICHTS TUT.

ANTON SCHNACK

Baumeln tut nicht nur der Seele gut,
sondern dem ganzen Menschen.

MÜßIGGANG IST SO WERTVOLL UND WUNDERBAR, AUS IHM SCHÖPFST DU NEUE KRAFT.

LASST UNS DANKBAR SEIN
GEGENÜBER MENSCHEN,
DIE UNS GLÜCKLICH MACHEN.
SIE SIND LIEBENSWERTE
GÄRTNER, DIE
UNSERE SEELE ZUM
BLÜHEN BRINGEN.

MARCEL PROUST

NIMM DICH UND ANDERE NICHT ZU ERNST.

Schätze deine Familie und deine Freunde –
trotz und vielleicht gerade
wegen ihrer Eigenarten und Macken.

Teile deine

WÜNSCHE,
TRÄUME
UND IDEEN

mit anderen.
Teile deine

LEBENSFREUDE.

DEIN ZUHAUSE
IST DA,
WO DU
ZUFRIEDEN
BIST.

WEISHEIT DER SWAHILI

Um deine innere
Zufriedenheit zu finden,
musst du wissen, wo du
zu Hause bist,
wofür dein Herz schlägt!

**WO IST DEIN
HERZ ZU HAUSE?**

WENN WIR NICHT STÄNDIG
HINTER DEM GLÜCK
HERJAGEN WÜRDEN,
KÖNNTEN WIR
DAS SCHÖNSTE
LEBEN HABEN.
EDITH WHARTON

Wir rennen im Multitasking-Modus
durchs Leben, stets up to date und
on time. Aber was haben wir davon?
Was bekommen wir von unserem
Leben eigentlich noch mit?

SCHALTE BEWUSST
EINEN GANG ZURÜCK,
NIMM DIR ZEIT,
HÄNG DEINEN
GEDANKEN NACH,
VERSINKE IN IHNEN ...

WENN DU
DEIN GANZES LEBEN LANG
EINSAMMELST, WANN
WILLST DU DAS
GESAMMELTE
GENIESSEN?

AUS TAUSENDUNDEINENACHT

Wann hast du
das letzte Mal etwas
IN ALLER RUHE,
ausgiebig und
NUR FÜR DICH
gemacht?

Sammle viele

SCHÖNE, GENUSSVOLLE MOMENTE

und bewahre sie

IN DEINEM HERZEN!

WENN DU ERKENNST,
DASS ES DIR AN NICHTS
FEHLT, GEHÖRT DIR
DIE GANZE WELT.
LAOTSE

DIE WELT IST SCHÖN.

Dein Leben ist zum Genießen da.

GENIESSE ES!

Jeder Mensch ist so

GLÜCKLICH,

wie er sich zu

sein entschließt.

AUS IRLAND

Du entscheidest, ob du
zufrieden und glücklich bist.

DEINE GEDANKEN,
DEINE GEFÜHLE
UND DEINE TATEN
MACHEN DICH
ALS MENSCHEN AUS.

Auch wenn es manchmal
schwer fällt:
Beschließt du zufrieden zu sein,
bist du zufrieden!

Versuche dein Leben jeden Tag,
jeden Moment zu genießen
und dankbar zu sein …
dann wirst du auch immer etwas
zufriedener sein!

MIX
Papier aus verantwortungsvollen Quellen
FSC® C011862
www.fsc.org

Die nachhaltige Waldbewirtschaftung und die verantwortungsvolle Gewinnung des Rohstoffs Papier ist uns ein Anliegen. Daher werden alle Buch- und Kalender-Neuheiten auf FSC®-zertifiziertem Papier gedruckt.

ENTSPANNUNG 1000 DANK

KRAFT ATEMPAUSEN

KLEINE WUNDER

Einen guten Tag RUHE SCHENKEN

In der Hektik des Alltags nehmen wir uns viel zu wenig Zeit für kleine Pausen. Dabei genügt oft schon ein kleiner Moment um zu neuer Gelassenheit zu finden. Atmen Sie durch, kommen Sie zur Ruhe. Und schon werden selbst der stressigste Tag und das größte Ärgernis zur Nebensache. Wir bei GROH schenken Ihnen mit diesem Buch eine kleine Auszeit für die Seele – Sie haben sie verdient.

Ihr Joachim Groh

Dieses Buch entstand in enger Zusammenarbeit mit meiner Kollegin Stefanie Pfennig. Wir haben Ideen gesammelt, Gedanken sortiert, Texte verfasst und wieder verworfen, neu geschrieben und daran geschliffen, Zitate sorgfältig ausgewählt und geprüft, nach den schönsten Bildern gesucht und nicht aufgegeben, bis wir sie gefunden hatten. Mit unseren Grafikern haben wir die Gestaltung entwickelt und daran gefeilt, Cover und Farben abgestimmt und nicht locker gelassen, bis alle zufrieden waren. Wir haben uns über jedes Puzzlestück gefreut, das seinen Platz im großen Ganzen gefunden hat – und hier ist es nun: ein Geschenk, das von Herzen kommt. Vielen Dank an alle Beteiligten. Anne Müller

Textnachweis: Wir danken allen Autoren bzw. deren Erben, die uns freundlicherweise die Erlaubnis zum Abdruck von Texten erteilt haben, sowie dem Elfenbein Verlag für den Text auf S. 62 aus: Anton Schnack: Werke in zwei Bänden. Hrsg. von Hartmut Vollmer. Berlin: Elfenbein Verlag, 2003.

Bildnachweis: Cover: Gary Radler Photography/Stocksyphoto; S. 2/3: F. Lukasseck/Masterfile; S. 4/5: Christian Thür/photocase.com; S. 6/7: Javier Pardina/Stocksyphoto; S. 8/9: Iri_sha/istock/Thinkstock; S. 10/11: dioxin/photocase.com; S. 13, S.24/25: JavierPardina/Stocksyphoto; S. 14/15: Bereta/istock/Thinkstock; S. 16, S. 60/61: Pavel Gramatikov/Stocksyphoto; S. 18/19: Matthew Linker/Stocksyphoto; S. 21: Srdjan Kirtic/Stocksyphoto; S. 22/23: Stefanie Degner/istock/Thinkstock; S. 26/27: Jane Foster/Masterfile; S. 28: istockphoto/Petr Kulikov; S. 30/31: Benoit Paillé/Getty Images; S. 32/33: Matteo Colombo/Stocksyphoto; S. 34/35: Michael Breuer/Masterfile; S. 37: istockphoto/compassandcamera; S. 38/39: Helgi/photocase.com; S. 40/41: Holly Clark/Stocksyphoto; S. 42/43: Manuel Gutjahr/Getty Images; S. 44: Kniel Synnatzschke/plainpicture; S. 46/47: Galyna Andrushko/fotolia; S. 48/49: Marilar Irastorza/Masterfile; S. 51: C/L/photocase.com; S.52/53: Lukow/photocase.com; S. 54/55: G. Bursac/plainpicture; S.57: PaulaRoid/photocase.com; S.58/59: Good Vibrations/Stocksyphoto; S. 62/63: dfaagaard/fotolia: S. 64: mademoiselle suzanne/photocase.com; S.66/67: lola 1960/istockphoto; S.68/69: Purestock/Thinkstock; S.70/71: Per Swantesson/Stocksyphoto; S.72/73: IIC/Masterfile; S.75: Anna Matzen/plainpicture; S. 76/77: ZWEISAM/photocase.com; S. 78/79: Jacknuggeted/photocase.com; S. 80/81: Zabalotta/photocase.com; S. 82/83: flotos/photocase.com; S. 85: Robert Zaleski/Stocksyphoto; S. 86/87: Balazs Kovacs Images/fotolia; S. 88/89: Janne Hellsten/Getty Images; S.90: pphoto 76/photocase.com; S. 92: Premium RF/Masterfile.

Layout: ki36 Editorial Design, Bettina Stickel

ISBN 978-3-8485-1472-4

157006-4355-01